D1701539

01 Vorwort

VORWORT

Früher (also ganz früher) war Fotografieren teuer und aufwendig. Ein Stift und ein Blatt Papier dagegen kosten nichts und passen in jede Hosentasche. Dieses bescheidene Equipment genügt um sich auf grafische Art Dinge zu merken oder auch um schöne Orte und Augenblicke festzuhalten. Bei letzteren griff mit der Zeit die Fotografie ein und ersetzte die Zeichenkunst.
Erst im Zuge der Craft-Bewegung wurde es interessant, altes Handwerk wieder neu zu entdecken. Was heute „Urban Sketching" genannt wird, ist das zeichnerische Dokumentieren von städtischen Lebensräumen. Ich habe im Sommer in Oldenburg gelebt und dort jede Menge Räume zum Leben in meinem Skizzenbuch verewigt.
Mit großem Vergnügen präsentiere ich Ihnen nun in diesem Buch eine Auswahl meiner Skizzen zusammen mit Texten von Marc Geschonke. Kann sein, dass Sie mich zwischen Juli und Oktober mit meinem Skizzenbuch sogar gesehen haben, denn alle Zeichnungen sind vor Ort entstanden.
Viel Spaß beim Gucken und Lesen wünscht Ihnen
Ihr

Till Lenecke

Inhalt

FILZSTIFT
('PINSULANER')

Vorwort 1

Lappan 4
Lange Straße 6
Pulverturm 8
Degodehaus 10

Wallstraße 12

Rathaus 14
Lambertikirche und Marktplatz ... 16

Spezialitäten 20

Schloss 22
Kultursommer 26
Schlossgarten 28

Theater 34

Wasser in der Stadt 36
Hafen 38

Prominente 44
Horst Janssen Museum 46

Pferdemarkt 48
Kneipen und Hundehütten 50

Kulturetage 52

Cäcilienbrücke. 54
Kavaliershäuser 56

Alter Landtag 58
Kulturzentrum PFL 60

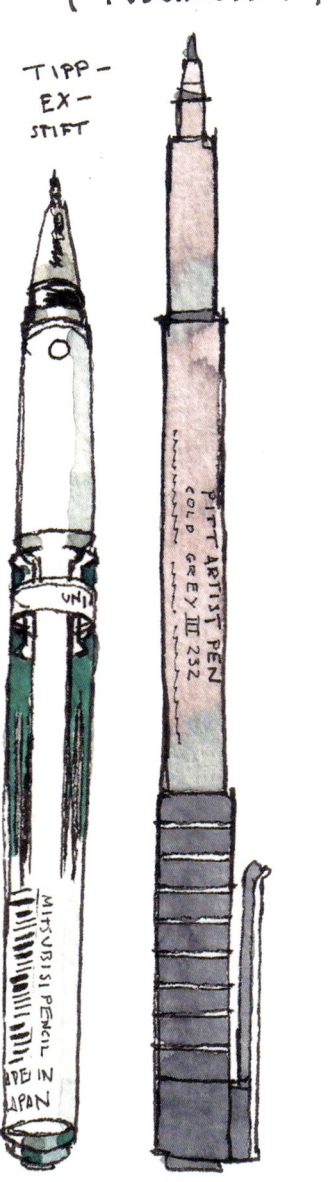

Isensee 62

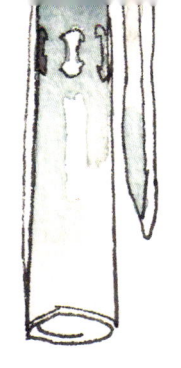

Mitwirkende 64
Danksagungen 64
Impressum 64

FINELINER
('TUSCHESTIFT')

TIPP-
EX-
STIFT

LAPPAN

Ein bisschen sticht er ja schon hervor, dieser Backsteinturm am Rande der Fußgängerzone – der immerhin ältesten flächendeckenden Deutschlands.

Nicht nur ein paar Meter nach vorn in die Lange Straße hinein oder auch einige Meter hoch bis in die welsche Hauben-Spitze. Nein, die Besonderheit des Lappans liegt vor allem in seiner Bedeutung für die Stadt. Als Glockenturm im Jahre 1468 lediglich Anhängsel der Jahrzehnte zuvor errichteten Heilig-Geist-Kapelle, später dann Wachtturm, Gaststätte, Wohnhaus, Kunsthandlung und sogar Reisebüro, lockt der Lappan nun mehr denn je Touristen an – ist hier doch auf Dauer die offizielle „Touristinfo" untergebracht worden.

Bis zum Wahrzeichen war's allerdings ein beschwerlicher Weg – mehrfach stand der Turm kurz vorm Abriss, auch der Stadtbrand von 1676 hatte ihm ordentlich zugesetzt. Alles vergeben, vergessen und saniert; der Turm ist heute nicht nur erster Anlaufpunkt für wissbegierige Fremde, sondern auch für Oldenburger, die sich hier bloß zum Bummel verabreden oder mit Bussen aus der ganzen Stadt in der Mitte ankommen.

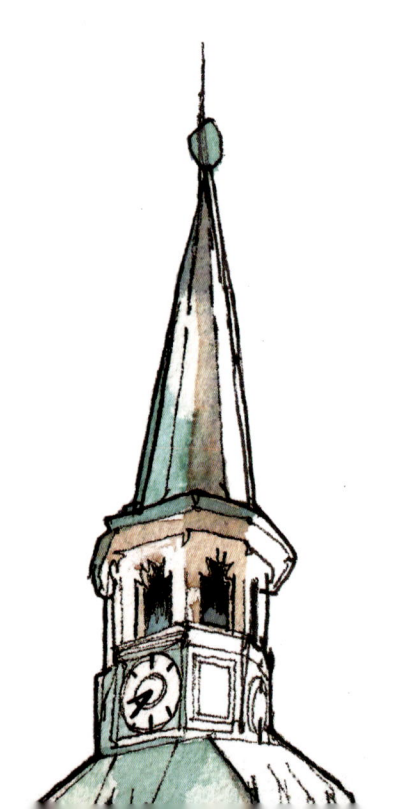

OLDENBURG INFO
IM LAPPAN

Lappan

Lange Straße

Wenn beim Shoppingbummel plötzlich am nicht allzu fernen Horizont die Lappan-Haube in den Fokus rückt, sind die schweren Einkaufstaschen für einen Moment vergessen. Gleiches gilt auch für jenen Blick in die Gegenrichtung zum Leffers-Eck. Dort, wo Achternstraße und Lange Straße zusammenlaufen.

Vielleicht ist's aber auch nur eine Frage romantischer Interpretation, und tatsächlich trennen sich hier ihre Wege, um dann später nach einigem parallelen Mäandern beim Markt wieder aufeinanderzutreffen … Brunnen wie Bäume, Banken wie Bänke, Einzelhändler wie Filialisten: So nachhaltig sich diese Bilder der lebendigen Innenstadt ins Gedächtnis brennen mögen, so besonders sind auch viele weitere kleine und größere Sehenswürdigkeiten in der Einkaufsstraße. Da ist beispielsweise das knapp 350 Jahre alte und äußerst schmucke „Graf Anton Günther Haus" – früher Bürgerhaus, heute Burgerhaus. Im gleichaltrigen Gebäude nebenan befindet sich seit bereits 250 Jahren die Hof Apotheke. Und dann gibt's da ja auch noch den mit Mundharmonika, Klampfe und Verstärker umherziehenden Waldemar - deutlich jünger zwar, aber längst ein Oldenburger Original.
Es sind Werte wie diese, die aufploppende Nagelstudios und Telefonläden leicht übersehen lassen und so Oldenburgs Zentrum zur Perle machen.

08 Pulverturm

PULVERTURM

**Der Turm, der eigentlich ein Türmchen ist–
und bis vor einigen Jahrzehnten trotz seiner
besonderen Historie sogar sträflichst als
bloße Gartendekoration missachtet wurde:**

Mit gerade einmal acht Metern hat es der Pulverturm vor der mehr als zehnmal so hohen Lambertikirche und den Weiten des gegenüberliegenden Schlossgartens aber auch lange Zeit wirklich schwer gehabt. Erst 1966 wurde der ursprüngliche Geschützturm unter Denkmalschutz gestellt. Zu diesem Zeitpunkt war er jedoch schon über 400 Jahre Teil der Geschichte Oldenburgs. Mehr oder minder. Bis Mitte des 18. Jahrhunderts ein Pulvermagazin, später dann immerhin noch Eiskeller, ist der Kuppelbau heuer nicht nur archäologisches Denkmal, sondern auch Ausstellungsfläche für Kunst und Keramik. Nicht zuletzt: Bei Grabungen zum Ende des 20. Jahrhunderts entdeckten Forscher noch einige markante Überbleibsel von Stadtmauer und Festungsanlage. So viel Geschichte in solch einem kleinen Türmchen – man muss es doch einfach gernhaben!

DER PULVERTURM MIT DEN LETZTEN RESTEN DER ALTEN STADTMAUER

DEGODEHAUS

Das erste Haus am Platz – und das so sprichwie wortwörtlich – lockt seit summa summarum einem halben Jahrtausend zum Markte.

1502 erbaut und 1617 in seine heutige Architektur gebracht, überstand das Fachwerkgebäude nicht nur den großen Stadtbrand, sondern auch diverse Wohn- und Geschäftsmodelle. Verschenkt, vererbt und verkauft wurde es im Laufe der Jahrhunderte unter anderem von Graf Anton Günther. Mangelnde Liebe zum Objekt konnte man seinen Inhabern da aber wohl nicht vorwerfen: Die Besonderheiten des „guten Hauses", darunter eine reich geschmückte Holzdecke aus dem Jahr 1645, wurden behutsam freigelegt und fortwährend mit aller Raffinesse restauriert. Doch so sprechend der Name dieser Sehenswürdigkeit auch sein mag und dahinter einen plattdeutschen Titel vermuten lassen würde, verdankt sie diesen doch lediglich dem Kaufmann Dietrich Wilhelm Degode. Der hatte hier 1860 eine Kolonial- und Manufakturwarenhandlung samt Kaffeerösterei eingebracht. Und welche Wirkung frisch gemahlene Bohnen haben können, ist hinlänglich bekannt. Heute mag das nach zwischenzeitlichem Buch- und Schuhverkauf zwar alles kalter Kaffee sein, für einen Besuch aber ist's nicht zu spät! Dass Kunden dann auch den alten Brunnen im Lager-Keller des Hauses sehen dürfen, ist allerdings unwahrscheinlich.

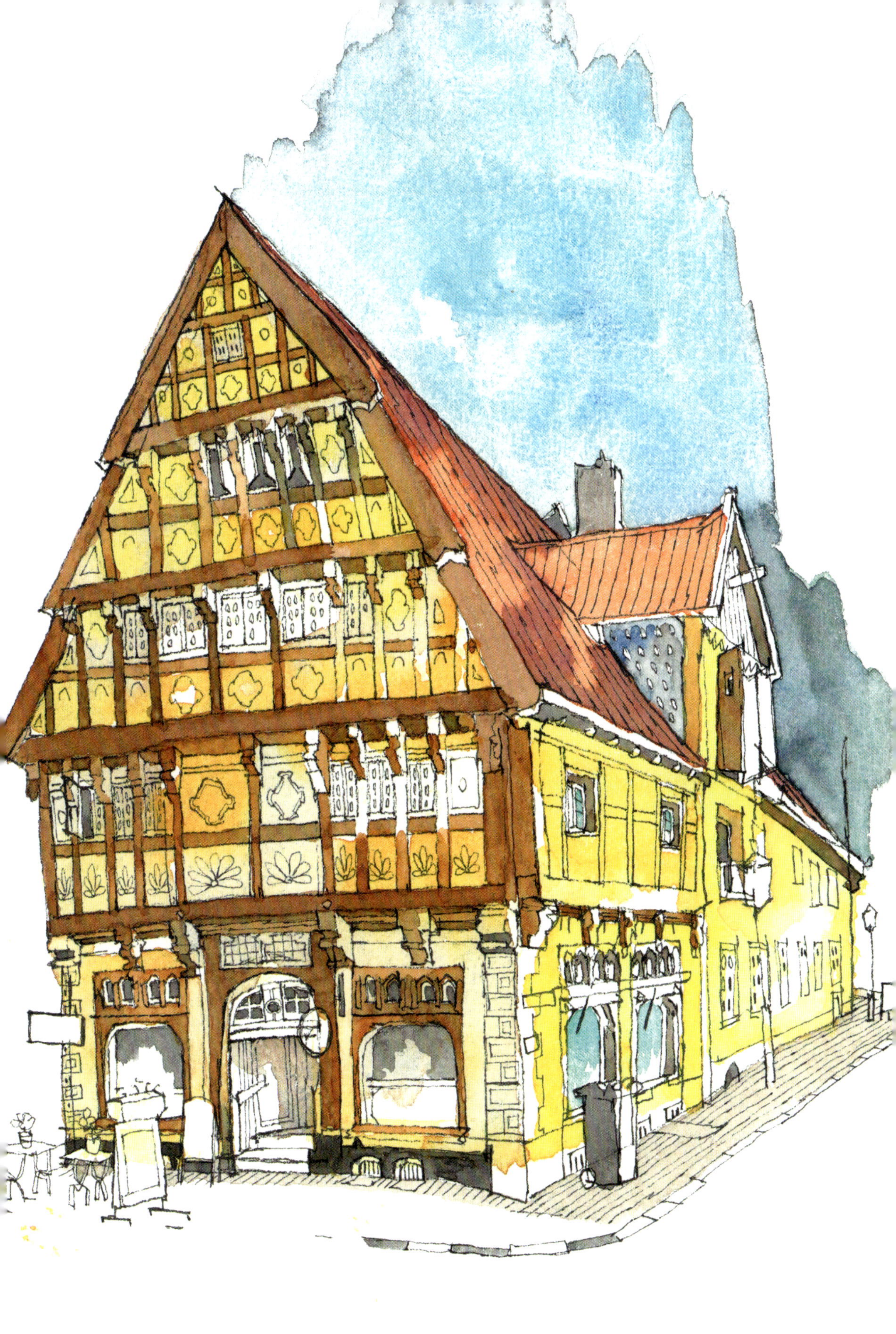

DAS ALTE
WALLKINO

DIE
WALLSTRASSE
BEI NACHT

WALL-STRASSE

Sie ist laut und bunt – hier ein klitzekleines bisschen Berlin, dort auch etwas München. Na gut, Münchens Nebenstraßen. Und auch nur jene weiter draußen …

Und doch gibt's hier vor allem an den Wochenenden reichlich zu sehen: Tausende Besucher, vereint in Geselligkeit, verbunden durch Getränke jeglicher Farbgestaltung und Gefäßgröße. Oldenburgs Wallstraße deshalb sogleich als Partymeile zu bezeichnen, wäre tatsächlich etwas drüber. Als Vergnügungsgässchen lässt sich die direkte Verbindung zwischen Lange Straße und Waffenplatz allerdings gut an. Wo Cocktails und Karaoke, Guinness, Sportwetten und Pizza also recht niederschwellig ihre Liebhaber finden, fasziniert ein Gebäude in besonderem Maße, und das nicht allein architektonisch: In Schröders Seifenfabrik (Ende 18. Jhd.) hat der Verein Werkstattfilm seinen kleinen, aber feinen „Kinoladen" etabliert, zeigt, sammelt und bewahrt hier anspruchsvolles Mediengut, Filme aus Oldenburgs Vergangenheit. Dies alles passiert – nicht ganz ohne Ironie – im Rücken des einst so würdigen, heute nur noch alten Wallkinos. Für den Betrieb ist's zu kaputt, für einen Abriss zu schade. Wie schön es sein könnte, wenn es nicht derart traurig wäre: Geschichtenkino nebst Kinogeschichte! Die Zeit mag zeigen, wie und ob diese enden muss.

Wallstraße 13

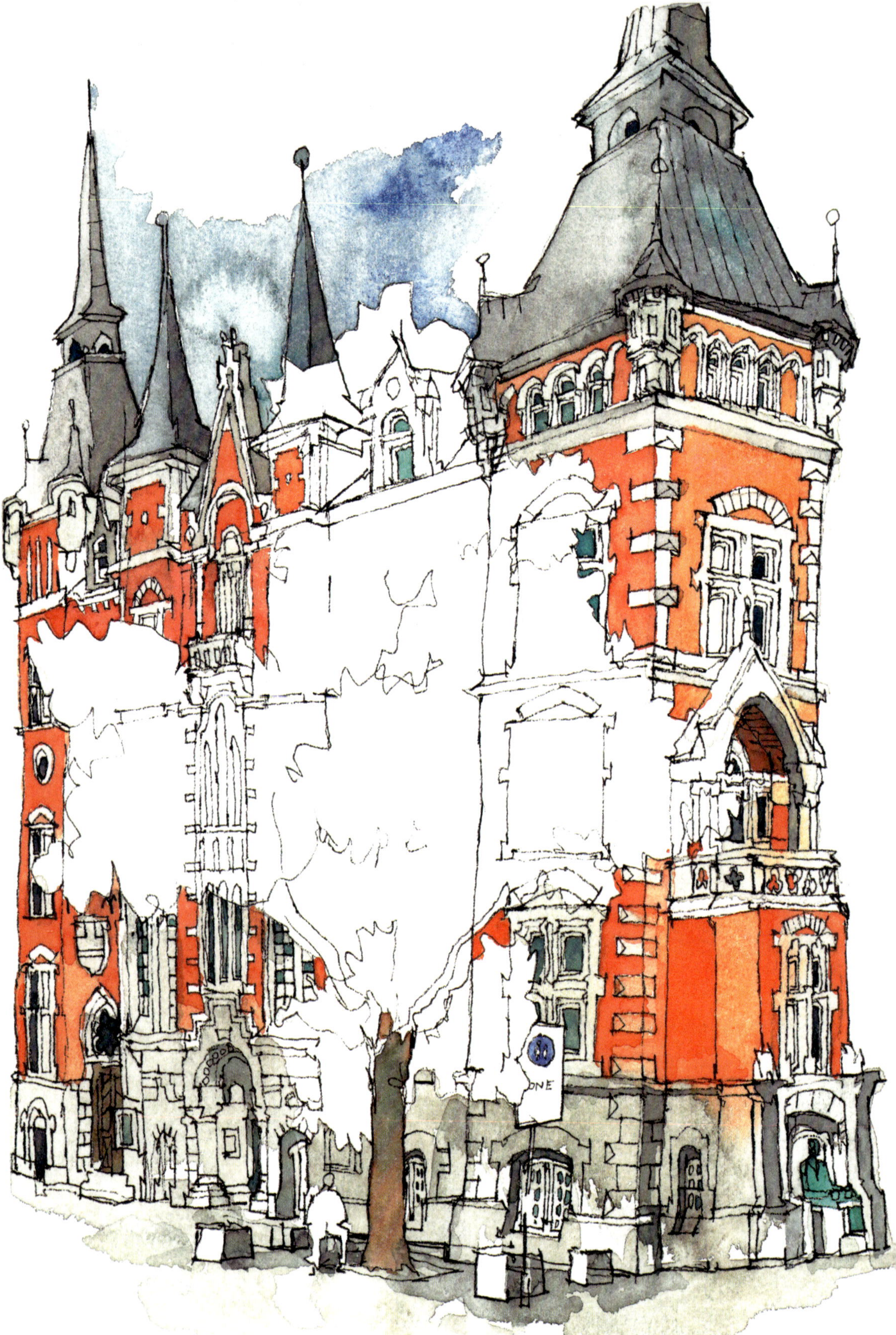

RATHAUS

Dass Oldenburg schon einige Ecken und Kanten hat, zeigt sich durchaus am alten, zwischen 1886 und 1888 erbauten Rathaus:

PLASTIK 'GEGENWART'

Der Grundriss ist dreieckig, das Walmdach steil. Hier noch ein bisschen Gotik, dazu etwas vom Vorgängerbau verbliebene Renaissance – und dann diese Farbgestaltung! Ein Hingucker ist es allemal. Das Rathaus Nummer 3 in der Geschichte Oldenburgs beherbergt nur noch wenige städtische Mitarbeiter, dafür aber auch den ersten Bürger der Stadt. So hübsch der Oberbürgermeister also über der Stadt und den Dingen thront, so knapp fiel vor rund 130 Jahren die Entscheidung für den Neubau. Bürgerinitiativen sind und waren in Oldenburg überaus rege, auch damals schon: Obwohl sich die Mehrheit gegen den Bau gewandt hatte, lehnte der Rat deren Antrag ab. Kurz darauf wurden die Pläne der Berliner Architektengemeinschaft Matthias von Holst und Carl Zaar in die Realität umgesetzt. Zum Glück, so darf und muss man wohl heute sagen. Das gilt für Äußerlichkeiten wie für innere Werte gleichermaßen: Zwischen den begeisternden Verzierungen und Malereien tagen regelmäßig Mitglieder verschiedener politischer Ausschüsse. Rund ums Alte Rathaus – einige jüngere Gebäude beherbergen das „Technische Rathaus" oder das Bürgerbüro Mitte am Pferdemarkt – finden sich noch einige spannende Köpfe. So die 2003 am Gebäude aufgestellte Büste des früheren Oberbürgermeisters (1921 – 1932) Dr. Theodor Hans Walter Goerlitz, sowie die 3,12 Meter hohe und etwas unübersichtlich scheinende Bronzeplastik „Gegenwart" auf dem Rathausmarkt. Letztere war ein Geschenk der Bremer Landesbank, zeigt sieben Figuren und interessante Konstellationen, symbolisiert darin die Gegensätze unserer Gesellschaft.

Lambertikirche und Marktplatz

Obgleich sie nur am Rande der Fußgängerzone liegt, ist die Lambertikirche gefühltes Herzstück der Stadt.

Das mag mit ihrer imposanten Höhe zusammenhängen, die alle anderen innerstädtischen Gebäude überragt – vielleicht ist's aber auch jene bemerkenswerte Architektur, die Neugotik und Klassizismus in Einklang bringt. Zwar reicht die Geschichte der Lambertikirche bis ins Mittelalter zurück, und auch den großen Stadtbrand von 1676 hatte das Grundgebäude unbeeindruckt überstanden. Die alters- und baubedingten Schäden aber machten Jahrzehnte später einen Neubau erforderlich. Einen, mit Verlaub, von eher trauriger Gestalt. Noch zur Mitte des 19. Jahrhunderts war das Gotteshaus eine schmucklose Kiste ohne jeglichen eigenen Turm. Das sollte sich nach Plänen von einem der Klingenberg-Brüder ändern. 33.000 Taler war dem Kirchenrat damals ein erneuter Umbau der Lambertikirche, samt

02.07.19

MUJIKER

19 Lambertikirche und Markt

Aufbau des hohen Westturms und rundum angefügter Treppentürme, in den 1880er Jahren wert. Eine Investition, die sich offenbar lohnte und deren Ergebnis sich auch heute noch sehr gut als Silhouettenstempel, Garderobenhaken oder Ansichtskarte verkaufen lässt. Außen kantig und dunkel, innen rundlich weich und strahlend: Der Blick aufs fast schon museale Interieur der Rundkirche lohnt da nicht minder, auch für verloren geglaubte Schäfchen. Möglicherweise bietet sich dies ja im Dezember an, wenn der festliche Lambertimarkt vier Wochen lang die Kirche mit Düften, Lichtern und weihnachtlichen Klängen umschmeichelt, Herzen und Sinne eh schon geöffnet sind. Verkaufsstände sind zwischen Rathaus und Lambertikirche allerdings auch übers restliche Jahr keine Seltenheit. Schon vor Jahrhunderten wurden hier Waren feilgeboten, der Abverkauf von Gemüse, Obst und anderem alltäglichen Bedarf erfolgte da allerdings vom weit gereisten Pferdewagen herunter. Später wurde das Geschehen sogar mal in eine Markthalle (dem heutigen Lamberti-Hof) umgeleitet, dies aber ohne echte Zukunft. Nein, so ein Markt gehört unter freien Himmel. Und genau dort gibt's deshalb viermal wöchentlich ein so klassisches wie regionales Rundum-Glücklich-Angebot.

EINE SPEZIALITÄT AUS OLDENBURG:
GRÜNKOHL

DAZU BRAUCHT MAN ↓

- Zwiebeln
- Schmalz
- Pinkel
- Kartoffeln
- Mettenden
- Speck
- Senf
- Pfeffer
- Kassler
- Salz
- Brühe
- Haferflocken
- Frischer Grünkohl

21 Oldenburger Spezialitäten

Metropolregion. Universitäts-, ja sogar Übermorgenstadt! Mit diesen Titeln und Bezeichnungen kann Oldenburg schon sehr lang, sehr gut leben. Auf eine Auszeichnung ist man hier aber besonders stolz und hat sie sich deshalb auch gleich selbst verliehen: „Kohltourhauptstadt".

Denn was dem einen die klärende Reise gen Santiago de Compostela oder eher noch der jecke Umzug durch den Kölner Karneval sein mag, bündelt sich beim gemeinen Oldenburger nach dem ersten Frost im feuchtfröhlichen Gemeinschaftsspaziergang mit dem Bollerwagen bis zum nächsten Landgasthaus im Umland – wo dann frisch geernteter Grünkohl in rauen Mengen aufgetischt wird. So läuft das schon seit über 150 Jahren. Mehr noch: Im politischen Berlin küren die Oldenburger regelmäßig beim „Defftig Ollnborger Gröönkohl-Äten" ihren Kohlkönig, während im Café Klinge schokoladige „Grünkohlpralinen" kreiert werden. Ach, und obwohl so schon jede Menge grünes Blut durch die Oldenburger Adern fließt, scheint`s noch längst nicht genug. Schließlich forscht die Uni im Botanischen Garten fortwährend nach der perfekten Palme!

Oldenburger Spezialitäten 21

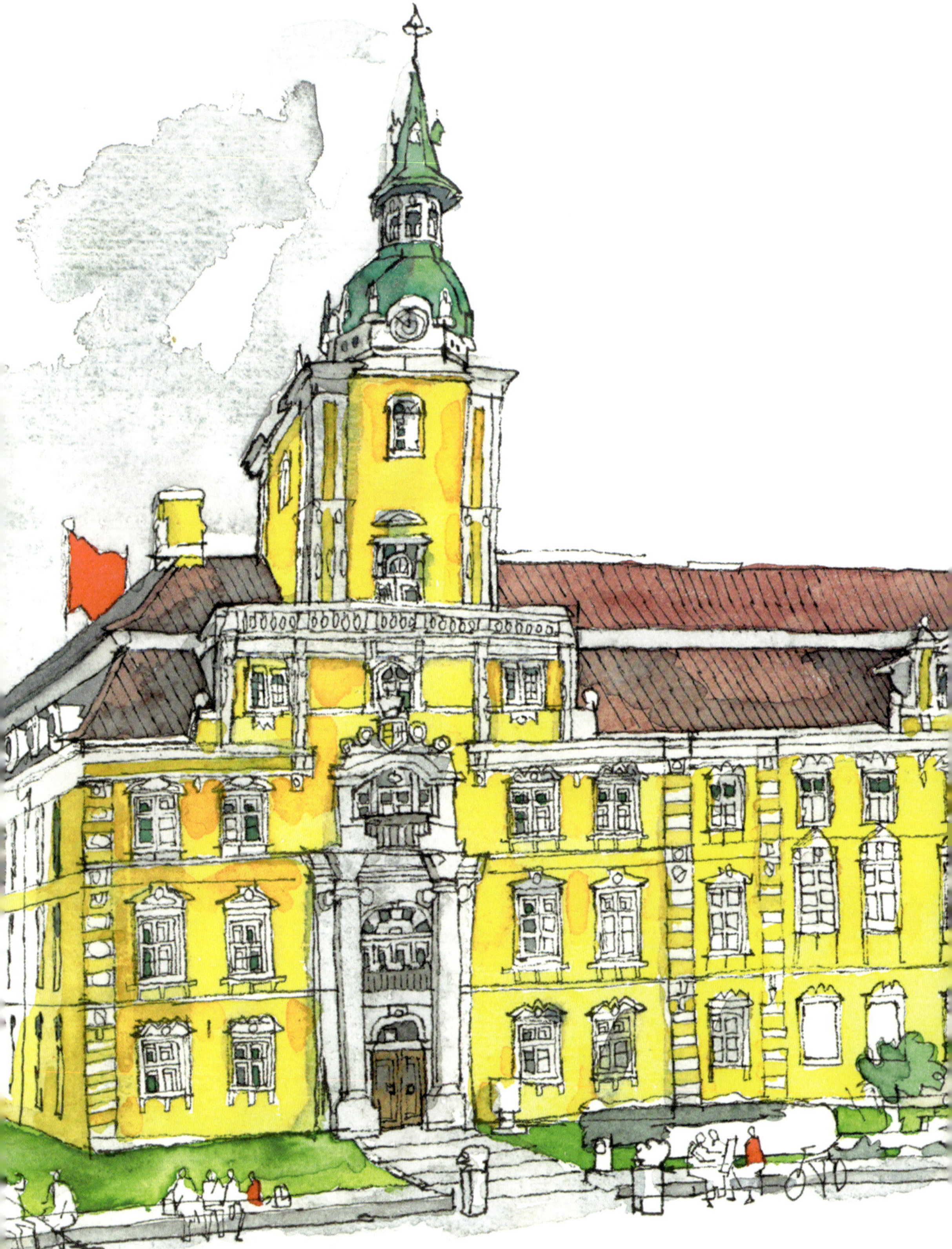

SCHLOSS

„Hübsch anzuschauen – aber nahezu unmöglich, an Sommertagen auf der Wiese einen Parkplatz für den eigenen Popo zu finden. Drei von fünf Punkten."

So heißt's auf einem Online-Bewertungsportal über die Grünflächen vor dem heutigen Landesmuseum für Kunst und Kulturgeschichte. Was Graf Anton Günter, wohl prominentester Bewohner dieses Schlosses, seinerzeit mit jenem Kommentator gemacht hätte? Viel wichtiger ist, was er und die Geschichte aus den einstigen Wasserburg-Fundamenten gemacht haben.
In den steten Erweiterungen des Gebäudes spiegeln sich Architekturstile aus nunmehr vier Jahrhunderten wider – immer noch und genau deswegen ein gern genutztes Postkartenmotiv. Außen hui, innen ... auch hui. Klassische Treppenaufgänge, der filigrane Deckenstuck, impo-

MIT AUFDRUCK
'SEEBRÜCKE'
↓

PETER
FRIEDRICH
LUDWIG

sante Flügeltüren, edle Wandkleider, Schloss-, Marmor- und viele weitere Säle laden zum Gang durch die Vergangenheiten des Oldenburger Landes ein. Doch auch die Belege regionaler Kulturgeschichte und verschiedene Sonderausstellungen wie die „World Press Photo" sorgen im Innern regelmäßig für Begeisterung.
Auf den Weiten des Schlossplatzes indes – wenn nicht gerade Großveranstaltungen, Flohmärkte oder Konzerte eben dort stattfinden – tummeln sich Kinder mit Vorliebe um die drei aufrechtstehenden Bären von Paul Halbhuber. Ganz ähnliche Freude zelebrierten die Oldenburger übrigens auch Ende des 19. Jahrhunderts, als ein Denkmal des Herzogs zentral mit Pomp, Musik und Ehr' aufgestellt wurde – die geschwellte Brust dabei gen Schloss gerichtet. Doch o tempora, o mores! Vergessen scheint dessen Bedeutung fürs Städtchen: Heute findet sich der bronzierte Peter Friedrich Ludwig deutlich abseits, wenngleich noch mit halbem Blick auf die einst so nötige, heute vor allem herrlich anzusehende Schlosswache. Immerhin.

Schloss 24

DIE SCHLOSSWACHE
(MIT ZWEI MÜLLTONNEN)

OLDENBURGER KULTURSOMMER

'STENZ' TRITT AUF

Kultursommer

Oldenburg ist zwar vieles, sehr vieles – ereignisarm oder gar dröge aber nun wirklich nicht.

Du willst tolle Töne, Tanz und (Glücks-) Taumel? Kultursommer. Eher ein bisschen Hollywood, ein paar Meter roten Teppich? Auch gut: Filmfest! Vielleicht einen Umzug mit Pomp und Tradition, dazu ein Ritt auf der wilden Maus, mit Riesenrad und Zuckerwatte? Na, kein Problem: Kramermarkt. Wem das alles noch nicht Fest genug, dem seien dann beispielsweise Lambertimarkt, CSD oder das große Stadtfest ans Herz gelegt. Gern auch das Kleinkunstfestival, das Wein- oder auch Bierfest. Der Grünkohlsonntag! Nachtflohmärkte! Keramikmarkt! Stadtteil- und Straßenfeste! Und so weiter und so fort. Sprich: Wer Party will, bekommt sie auch. Wer Austausch mag, nicht minder. Gründe für Feierei gibt es hier im pochenden Herzen Niedersachsens mehr als genug. Und mal ehrlich: „Umsonst und draußen" – wer wollte sich dem bitteschön verschließen?

Kultursommer

SCHLOSS-
GARTEN

↑
NOTAUS-
GANG
(IMMER OFFEN)

Raus aus der Stadt, dem Lärm, den Tretern – und hinein ins Grün: Wer sich eine kurze Auszeit vom Stress des Alltags gönnen, barfüßig oder im feinsten Lackschuh durch botanische Geschichte lustwandeln mag, erhält unweit der Innenstadt die Chance dazu. Nur ein paar Schritte über den viel befahrenen Schloßwall sind's, schon findet man sich mitten in den Gartenplanungen des einstigen Herzogs Peter Friedrich Ludwig wieder. Was den Schlossgarten weniger beliebig als vielmehr beliebt macht, ist gerade seine Natürlichkeit. Dekorativen Firlefanz oder mit Lineal und Nagelschere getrimmtes Buschwerk sollten Besucher hier nicht erwarten. Was sie aber finden, sind die ältesten Rhododendren Deutschlands, blühende und gedeihende Vielfalt in sämtlichen Sichtachsen, anbetungswürdige Baumriesen, herrliche Flanierwege und Flora wie Fauna, wie sie nur die Natur selbst erschaffen kann. Kurzum: Grünes Glück in Länge mal Breite mal Höhe! Das ist nicht nur dem ersten Hofgärtner Julius Bosse zu verdanken, sondern auch seinen Nachfolgern, die bis heute großen Wert auf alte Werte im schutzwürdigen Kulturdenkmal legen. Da ist das zartgelbe Torhaus zur Gartenstraße, das schmucke Hofgärtnerhaus, der Küchengarten. Da sind Pferde- und Kuhstall, Schober und gläserner

Pavillon, jene wundervolle Balustrade am Schlossteich mit direktem Blick auf die Lambertikirche – reichlich Geschnatter aus der neu aufgelegten Wasser-Villa inklusive. Nun lässt sich vortrefflich um den Mitte des 20. Jahrhunderts ausgegrenzten Pulverturm jammern, auch die erzwungene räumliche Trennung vom Schloss aufgrund der Straßenschneise waren für das Gesamtkonstrukt nicht unbedingt zuträglich. So aber steht der Schlossgarten nun für sich, die Einzelteile der Summe haben ja nicht minder ihren

DIESER FREUNDLICHE MITARBEITER HAT MIR EXTRA DAS TROPEN- UND DAS KAKTEENSCHAUHAUS AUFGESCHLOSSEN.

Reiz. Um diesen müht sich schon seit knapp 70 Jahren auch die „Gemeinschaft der Freunde des Schlossgartens", ein Zusammenschluss engagierter Bürger, der die Substanz des englischen Landschaftsgartens erhalten möchte und für vielerlei Akzentuierungen im Gefüge sorgt. Ganz so, wie es dem Herzog einst

DIE ZWEI BUCHEN
VON 1814 († 2005)

TROPENSCHAUHAUS

KAKTEENSCHAUHAUS
(AM TEEPAVILLION)

33 Schlossgarten

wohl gefallen hätte – unprätentiös und offen fürs anständige, erholungssuchende Volk. Und für Fledermäuse, die hier des Nachts aktiv werden. Wer da bei allem Müßiggang die Schließungszeiten der 160 000 Quadratmeter großen Anlage bewusst oder versehentlich verpasst, ist wohl oder übel zum Klettern verdammt. Ohnehin nicht allzu lang lässt es sich angesichts der hohen Luftfeuchtigkeit im Tropen- und Kakteenschauhaus aushalten. Trotzdem ist das frühere „Kalt- und Warmhaus für Pflanzen" ein echter Besuchermagnet. Ob's eher am Mini-Wasserfall liegt, den kubanischen Pfeiffröschen oder doch am kurzzeitigen Urlaubsgefühl in diesem feuchtwarmen Klima, bleibt ungeklärt.

IM GEWÄCHSHAUS

TOMATEN

Schlossgarten 33

THEATER

Nur höchst ignorante Kulturbanausen würden das Staatstheater (wohl aus reiner Boshaftigkeit) eine „Bretterbude" schimpfen. Obgleich: Ganz unrecht hätten sie ja nicht.

Denn tatsächlich war das heuer imposante Bauwerk einst nicht mehr als ein einfaches, von Zimmermeister Muck aus Privatmitteln zusammengeschustertes Gebäude. 1833 eröffnet, wurde es nur wenig später von Großherzog Paul Friedrich August gekauft, vergrößert sowie mit echtem Mauerwerk versehen. Und obwohl der Oldenburger an sich durchaus genügsam scheint, sollte sich all die Modernisierung lediglich ein paar Jahrzehnte später überholt haben. Nein, das mittlerweile zum Hoftheater beförderte Bauwerk entspräche „in keiner Weise dem Bedürfnisse mehr, weder in Bezug auf Größe, noch auf die Anforderungen, welche gegenwärtig an derartige Gebäude mit Recht gestellt werden", so hieß es Ende der 1870er Jahre im Gemeindeblatt. Also wurde erneut die Kelle geschwungen: Hofbaumeister Schnitger hatte seine Vorstellungen von einem würdigen „und feuersicheren Gebäude" in die Realität umgesetzt. Nun ja. Würdig war's allemal, feuerfest aber leider gar nicht. Keine Dekade nach Eröffnung war es Stadtbaumeister Noack, der Schutt und Asche aufkehren und ein noch schöneres Theater (samt Kuppel) in die Höhe ziehen musste. Die Folgen: 1918 wurde die einstige Bretterbude zum Landes-, zwanzig Jahre drauf zum Staatstheater. Mittlerweile sind hier rund 450 Mitwirkende beschäftigt, sieben künstlerische Sparten abgedeckt. Eine allerdings – „Sparte 7" – sticht da etwas heraus, ist Zukunftslabor. Pop. Und gleichsam fernab des Mainstreams. Darf so etwas neben großer Oper, Ballett, schweren Dramen und sinnstiftender Theaterpädagogik in einem derart würdigen Gemäuer fabriziert werden? Na, es muss sogar!

Wasser in der Stadt

Nah am Wasser gebaut sind die Oldenburger ja, und das nicht allein dank Dangast, Schillig und Co – im gesamten Stadtgebiet gibt's Seen und Teiche, Flüsse und Kanäle, Moore, Gräben, Freizeitbäder.

Darin oder daneben oft genug zu finden: Teilzeitpaddler, Instagrammer, Nacktbader, Ausgleichssucher und Schwanentretboottreter, aber auch echtes Federvieh, Fische und sogar Seehunde. Na gut. Einen. Und der hatte sich seinerzeit auch nur verschwommen. Worum es hier aber tatsächlich geht: Oldenburg ist reich an Gewässern. So reich, dass jeder Oldenburger über einen 24 m² großen Pool verfügt. Zumindest statistisch – denn die Stadt ist mit über vier Millionen Quadratmetern Wasserfläche bedeckt. Das klingt schon ziemlich viel. Allerdings nehmen diese lediglich rund vier Prozent der Gesamtfläche ein. Und das wiederum klingt dann doch arg wenig, für eine gefühlt so flüssige Stadt.

Wasser in der Stadt

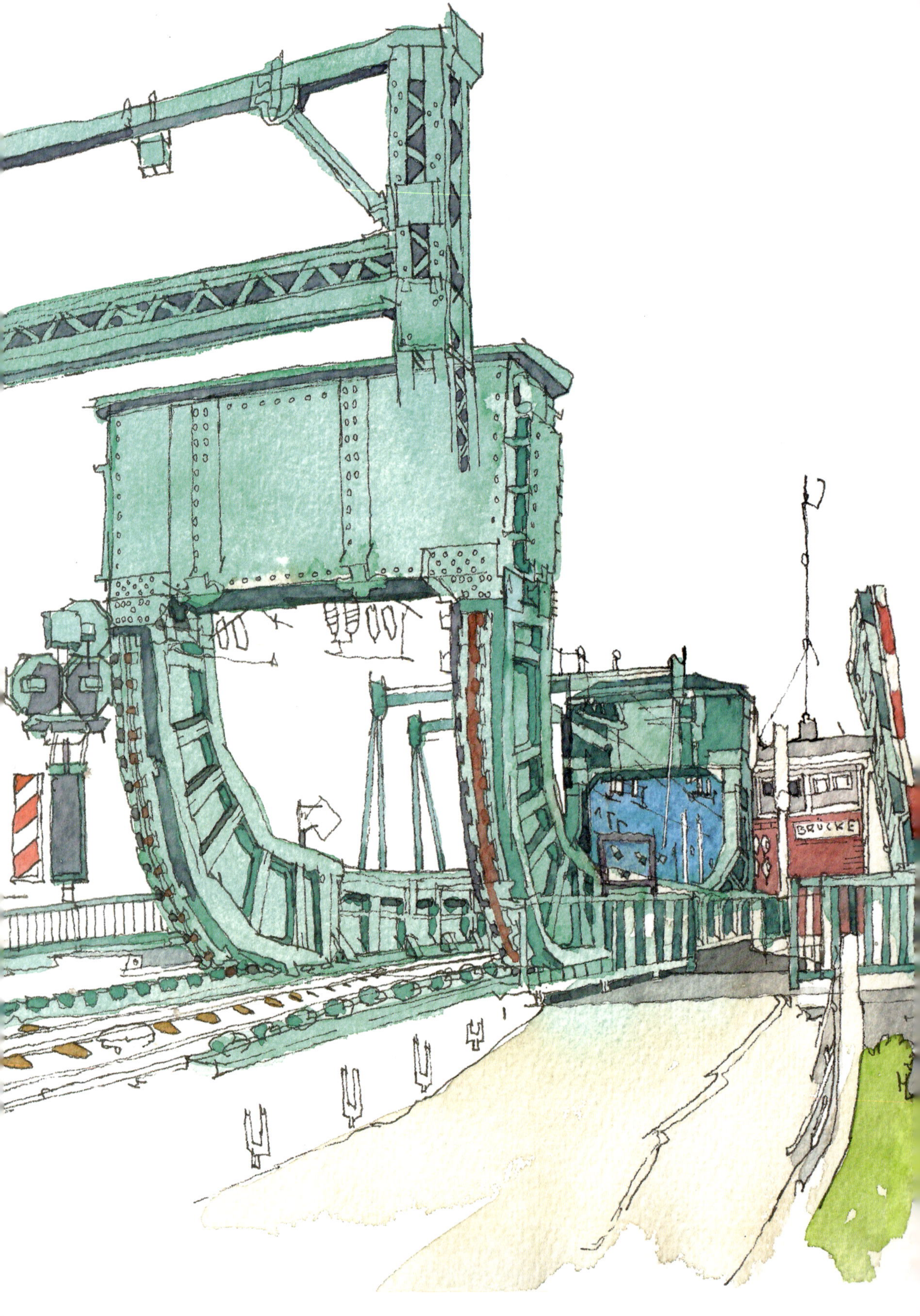
BRÜCKE

HAFEN

Klar, dass sich Oldenburg bei all dem feuchten Vergnügen sogar einen eigenen Hafen gönnt. Ach was, gleich zwei!

Einen ordentlichen Umschlagplatz für Seeschiffe im Osten der Stadt, und dazu noch einen süßen, vor allem aber geschichtsträchtigen Stadthafen für Ausflügler und Hobby-Kapitäne am Stau. Wo einst die Staubutjer saßen und (der Legende nach immerhin ab und an) auf Arbeit warteten, sitzen heute Studenten und Freiheitsliebende. Sind Anker-Tattoos nun modische Accessoires, waren sie damals noch Zeichen erfolgreicher Reisen und Aufgaben. Und musste Ende des 19. Jahrhunderts am Stau noch manch große Ladung aus Kohle,

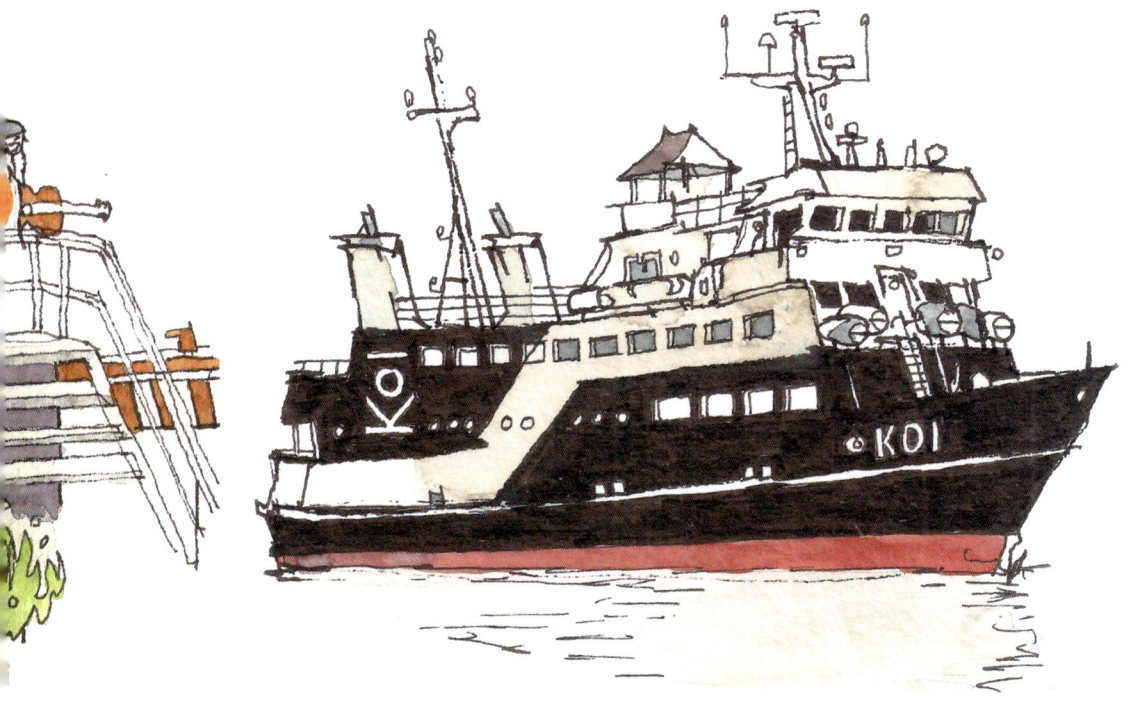

Kaffee, Tee oder Zucker gelöscht, die Schiffe dann mit Oldenburger Flaschen, Torfstreu oder Ziegeln befüllt werden, sind's heute vor allem Durst und städtische Enge, die es hier draußen zu bewältigen gilt. Ein bisschen Sonne fürs Gemüt, einige Mußestunden fürs Hirn: So lässt sich im Schatten des markanten, mehr als 100 Jahre alten Lastenkrans hervorragend die Seele baumeln. Wer diese noch ein

DIE EISENBAHNBRÜCKE

HEINI AM STAU

Hafen 41

paar Fußminuten weiter über die schick-gemütliche Hafenpromenade flanieren lassen möchte, wird unterwegs mit Gastronomie, junger Architektur im Quartier Alter Stadthafen, Wasserturm und Rollklappbrücke diesseits, dazu beeindruckenden Resten früherer Hafenkulissen jenseits der Hunte belohnt.
Hier, wo der legendäre Fährmann „Heini" (Heinrich Heeren) immerhin noch bis zu

'ALSTER-WASSER'
RADLER
BLAU
BECKS 14 07
JAN & YANNIK AM STAU

ALLE 50 METER:
RETTUNGSMITTEL

seinem 78. Lebensjahr Mitreisende täglich für ein paar Pfennige über die Hunte schipperte. Hier, wo noch sehr viel früher Handels-, Dampf- und Segelschiffe querten, ja selbst Torpedoboot-Flottillen Halt machten. Nah zur Innenstadt und nah zum Bahnhof, ist Oldenburg damit auch ganz nah an der großen weiten Welt.

Hafen 43

KOMMT AUS (DER NÄHE VON) OL: WIGALD BONING

Prominente

„Meeega" ist das Aufgebot Oldenburger Prominenter allemal, obgleich sie unterschiedlicher und polarisierender kaum sein könnten.

HELENE LANGE

PETER II

KLAAS HEUFER-UMLAUF

Zum Beispiel Dieter Bohlen. Den einstigen Vokuhila hat der Pop-Titan abgelegt, die deftige Ausdrucksweise aber irgendwie behalten. Bis zum Abitur blieb er in Oldenburg, danach zog es ihn auf gold- und platinschallplattierten Wegen in die Welt hinaus. Nur bis nach Berlin kam Ehrenbürgerin Helene Lange, dies unter gänzlich anderen Ambitionen. Die 1930 verstorbene Politikerin war Frauenrechtlerin, stritt für die Emanzipation durch Bildung. Mit ebenfalls beachtlichem Erfolg. „Lieder, die die Welt nicht braucht" (das Album heißt wirklich so) hatte hingegen Wigald Boning gemeinsam mit Olli Dittrich unter dem Band-Namen „Die Doofen" komponiert. Der gebürtige Wildeshauser Spaßmacher und Ultramarathoni ist regelmäßiger TV-Gast, aber auch in Oldenburg immer wieder mal anzutreffen. Hier hat er schließlich lang genug die Cäcilienschule besucht.

Jaspers war Philosoph, Schnitger ein Orgelbauer, Ehlers Bundestagspräsident, Suhrkamp Verleger, Schüßler Arzt und Peter II. ein Herrscher. Zumindest in früheren Zeiten. Einer, der aktuell durchaus als König (der Fernseh-Abendunterhaltung) bezeichnet werden darf, ist Klaas Heufer-Umlauf. Der gesellschaftlich stark engagierte Kreativkopf hat nicht nur einen Koffer, sondern auch eine Oma in Oldenburg. Und die dürfte sich oft genug um den Jungen sorgen, wenn der sich gerade wieder mal mit seiner besseren Hälfte Joko um die Welt duelliert ...

HORST-JANSSEN-MUSEUM

Wenn einem Künstler gleich ein ganzes Museum gewidmet wird, mag das schon ein guter Hinweis auf dessen Bedeutung und Produktivität sein.

PAUL AUS DER KUNSTVERMITTLUNG

Und obwohl Horst Janssens ausschweifende Lebensgeschichte in Hamburg begann (1929) und dort auch endete (1995), erhielt er drei Jahre vor seinem Tod die Ehrenbürgerwürde Oldenburgs – hatte er hier doch Kindheit und einen Teil seiner Jugend verbracht. Dass er schließlich auf dem hiesigen Gertrudenfriedhof jene Ruhe finden sollte, die er im Leben nicht hatte, ist nur ein weiteres Kapitel dieser ganz besonderen Bindung von Stadt und Mensch. Alkoholiker und Egomane, unangenehm und unbescheiden. Aber auch intelligent, intellektuell und freigiebig, in so vielerlei Belangen. Das Bild, von Wegbegleitern und Medien gezeichnet, ist so stereotyp exzentrisch wie gleichsam besonders. Zig Tausende Arbeiten – in der Hauptsache Zeichnungen und Radierungen, aber auch Aquarelle, Holzschnitte, Lithografien – hat Janssen aus diesem Antrieb der Welt hinterlassen. Genügend Material also, um Museumsbesuchern vierteljährlich ein neues Portfolio des international anerkannten Ausnahmekünstlers zu präsentieren.

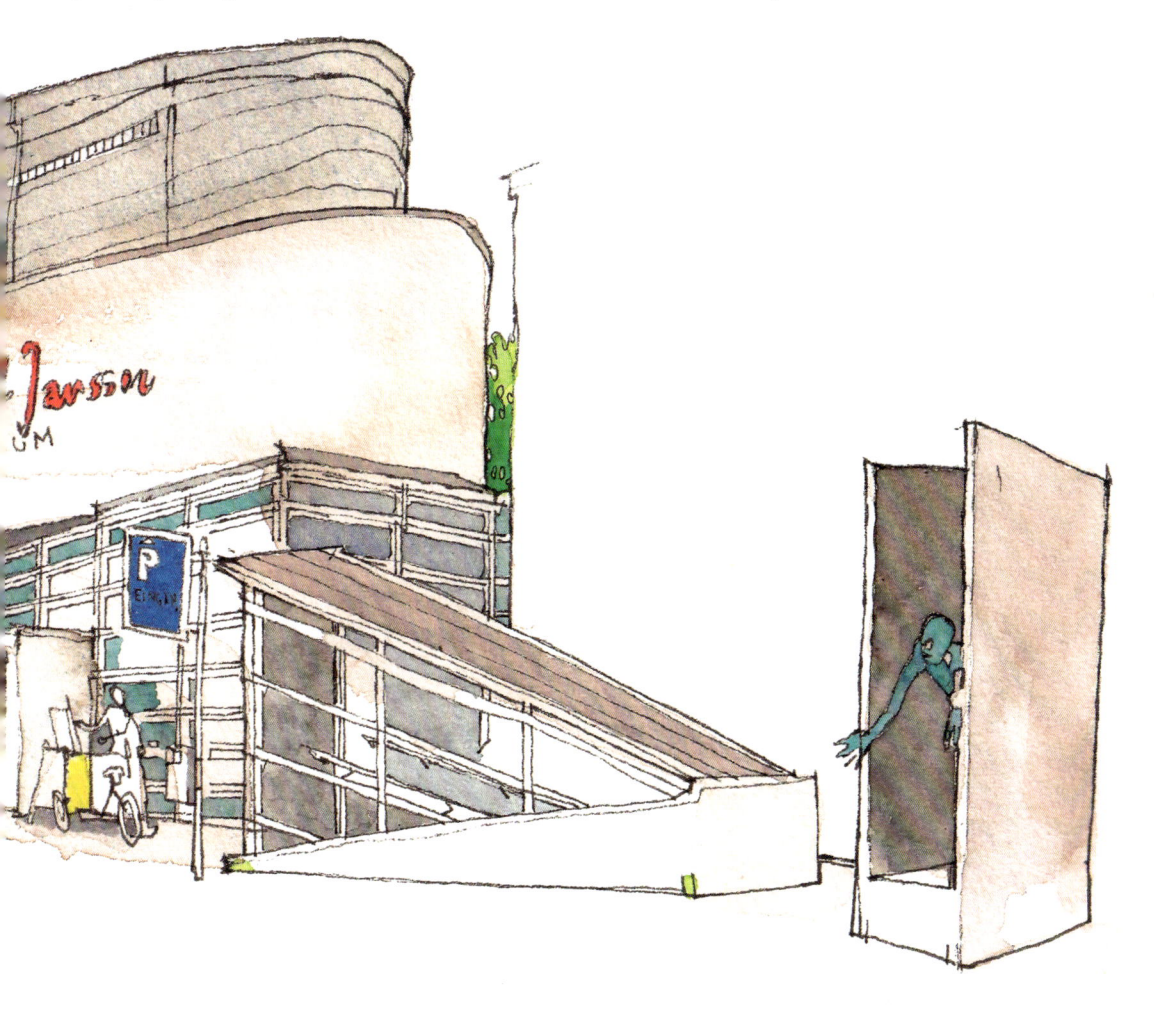

Horst Janssen Museum 47

48 Pferdemarkt

Wo schon seit einem halben Jahrhundert vier Meter hohe Pferde aus Beton ihr Dasein fristen, waren es lange zuvor wohl rund eintausend Mal so viele (dafür aber deutlich kleinere Tiere aus Fleisch und Oldenburger Blut)

Seinen Namen verdankt der Pferdemarkt einem regen Viehhandel vor allem im 19. Jahrhundert. Allerdings wurde das einstige Weideland im Verlauf der vergangenen zwei Jahrhunderte auch schon als Veranstaltungsfläche für den Kramermarkt, als Ballonstartplatz, Galopprennbahn oder auch zur öffentlichen Rekrutenausbildung genutzt. Heute wird dort vor allem mit Daten (im neuen Rathaus), güldenen Ringen (im Standesamt nebenan) und dreimal wöchentlich auch mit Obst, Gemüse oder Gesichtswurst (beim Wochenmarkt) gehandelt.

Allemal ein Hingucker ist vis-a-vis die Hochbrücke an der 91er Straße, die einst selbst noch unter dem Signet Pferdemarkt firmierte. Mitte der 1960er Jahre wurden die hier beheimateten Bahngleise eine Etage höher gelegt, die zeitraubenden Schrankenanlagen am Boden in die Verbannung geschickt.

Pferdemarkt 48

PFERDEMARKT

HBF

VIET Phie Phô

SKULPTUR AUF DEM PFERDEMARKT

50 Hundehütten und Kneipen

ZU HEIS,
NIEMAN
IST ZU
SEHEN

KNEIPEN UND HUNDEHÜTTEN

Nein, Türsteher brauchte Wally wahrlich nicht. Sowohl ihre Bierstube mit diesem durchaus speziellen Publikum als auch die resolute Dame selbst sind Kult, und das bis heute.

SÜSSKRAM

AB 5 CENT

Anwälte wie Knackis parierten jeher vor Wally, da mochten die hübschen Mädels hinter der Theke noch so begeistern und der Alkohol in kaum mehr kontrollierbaren Strömen fließen. Wallys Wort war Gesetz. Obgleich die Wirtin († 2016) mittlerweile ein paar Etagen höher Schnapsleichen aus ihrem ganz persönlichen Wallyhalla fegen dürfte, wird ihr Andenken an der Donnerschweer Straße weiterhin hochgehalten. Tag für Tag. Glas für Glas. Und das rund um die Uhr mit Bier, Musik und Liebe. Etwas ruhiger dürfte es da sicherlich bei einer anderen Form des Denkmals zugehen – die sogenannten Oldenburger Hundehütten waren noch im vorherigen Jahrhundert keine

IMMER
'OPEN'

Besonderheit, sondern vielmehr Standard: freistehend, mit Giebel, eineinhalb Stockwerke hoch, ein bisschen Stuck zur Straße, etwas Garten, das Dach im wahrsten Sinne herausragend. Heute verzücken sie vor allem in Reih' und Glied ganzer Straßenzüge, auch mal als Einzelstück inmitten moderner Nachbarschaft wie am Wallgraben. Schön anzusehen sind sie da fast immer – allerdings auch schön teuer.

Hundehütten und Kneipen 51

Kulturetage

KULTURETAGE
INNENHOF

Kulturetage

Je dunkler die Szenerie, desto heller der Hoffnungsstrahl: Seit mehr als 30 Jahren ist die Kulturetage irgendwie anders, im vielfach protegierten Kosmos die selbsternannte wie auch gelebte Ausnahme.

Außen mainstreamblau, innen schwarzweißbunt – von Shakespeare bis Penisschwert, von van Veen bis Nina Hagen. Dass sie kein „elitärer Kunstbetrieb" sein mag, wie es im 1984 verfassten Leitbild heißt, wird bis heute eindrucksvoll in Halle, Kino, Studio, Proberäumen und Kreativlabor unterstrichen. Und so allein gelassen man sich manchmal abseits des Kommerz' fühlen muss, so riesig ist auch die hiesige Gemeinschaft, die das Streben nach kulturellem Glück zu schätzen weiß. An der Bahnhofstraße, aber auch draußen im oldenburgischen Stadtleben bei Happenings, Führungen oder dem Kultursommer. Das „K" steht da nicht nur für die federführende Kulturkooperative, sondern auch für „Keimzelle" großer künstlerischer Ideen. Krandios!

CÄCILIENBRÜCKE

Über sieben Brücken musst Du geh'n? Von wegen. In Oldenburg freut sich manch einer ja schon, wenn er zumindest eine halbwegs funktionierende Brücke über Wasserwege oder Stadtstraßen nutzen kann.

Denn die waren in jüngster Vergangenheit rar gesät. Schlimm, wenn aufgrund nötiger Reparaturarbeiten eine Hauptverbindung zur Innenstadt gekappt wird. Schlimmer noch, wenn es sich dabei um eines der (nicht wenigen) verehrten Wahrzeichen handelt. Dabei hatte Ministerialrat Adolf Rauchheld Ende der 1920er Jahre noch eindrucksvoll dargelegt, was sich so alles scheinbar Zeitloses aus Backstein zaubern lässt – und neben der 500 Meter kanalabwärts liegenden Amalienbrücke auch das schwesterliche Gegenstück Cäcilie am Damm zu Ehren kommen lassen. Dann aber: Krieg, Teilsprengung, Wiederaufbau. Und obwohl die ihrerzeit längste Hubbrücke Europas fortwährend als wegweisend galt, schwächelten irgendwann die dicken Stahlseile, wurden selbst die Türme müde. Bröckelnd, knarzend, stockend. Dass die große Liebe altert, gar kränkelt, mochte Oldenburg nicht verstehen. Versagen? Die gute Cäcilienbrücke? Völlig unmöglich! Und doch kam's, wie

ZUR ZEIT
FÜR AUTOS
GESPERRT

10.07
19

es kommen musste: Ein Streit entbrannte,
den die Bevölkerung gegen das Wasser- und
Schifffahrtsamt nicht gewinnen konnte. Und
so wird die alte Dame nun alsbald durch ein
jüngeres Modell ersetzt.

Cäcilienbrücke 55

KAVALIERSHÄUSER

Da die Bezeichnung jener Häuserreihe abseits der Hunte jedoch auf den französischen Chevalier („Ritter"), noch ursprünglicher aufs lateinische „Caballarius" (Pferdeknecht) verweist, ist die wahre Bedeutung des Namens rasch geklärt. In Sichtweite und im gekrümmten Laufe zum Schloss arrangiert, waren hier Bedienstete des Hofstaats und zuweilen auch Vermögende des Umlands untergebracht. Lediglich ein Drittel aller Kavaliershäuser ist vom einstigen Gesamtensemble übrig, auch hatte der zunehmende Straßenverkehr und Platzbedarf in zurückliegenden Jahrzehnten schwere Eingriffe in Natur und Erhabenheit zur Folge. Allen Verlusten zum Trotze: Gerade der parallel verlaufende Paradewall verleiht aus geeigneter Perspektive diesem klassizistischen Bild noch heute einen weithin würdigen Rahmen.

Ob Ende des 18. Jahrhunderts hier an der Huntestraße vornehmlich sehr höfliche Herren lebten, ist nicht überliefert.

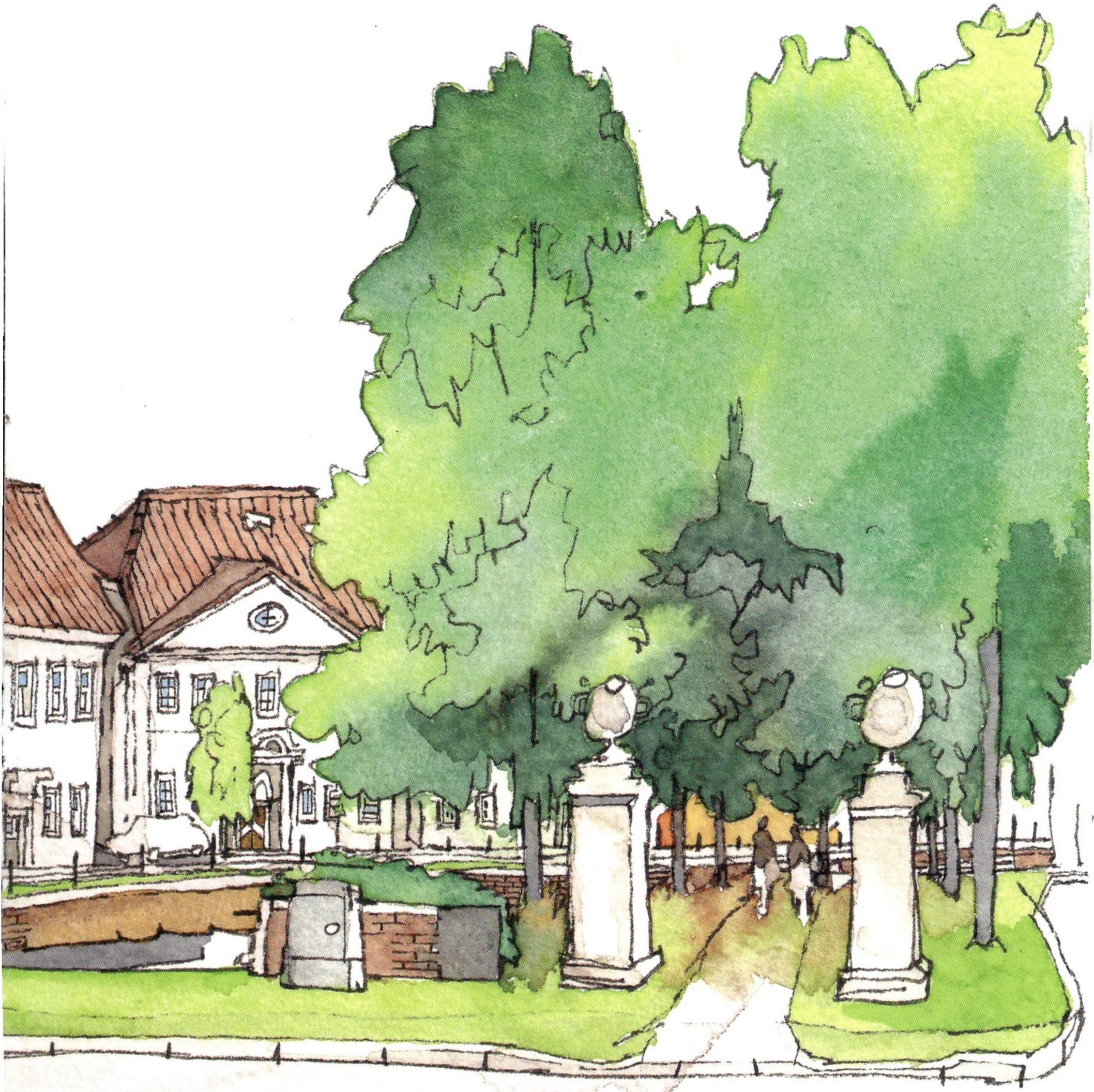

ALTER LANDTAG

Von durchaus einnehmender Gestalt(ung) ist jener riesige Gebäudekomplex am Theodor-Tantzen-Platz – und das schon seit mehr als 100 Jahren.

Staatsministerium voraus, der Alte Landtag nebst Dobbenteichen zur Linken: So wurden hier lange Zeit die politischen Geschehnisse in Oldenburg und umzu vorangetrieben. Doch Hausherren kamen und gingen, Bestimmung und Namen des Platzes wechselten entsprechend häufig. Nicht zuletzt aufgrund der dunklen NS-Zeiten, als Hakenkreuzfahnen auf dem damaligen „Adolf-Hitler-Platz" gehisst wurden. Heute trägt letzterer den Namen des ehemaligen Ministerpräsidenten, sind unter anderem die Polizeidirektion und das Staatliche Gewerbeaufsichtsamt im Gebäude des Oldenburgischen Staatsministerium beheimatet. Im herrschaftlichen Landtagsbau geht's derweil hauptsächlich kulturell und kulinarisch zur Sache. Dies alles unter dem gestrengen Blick eines zwei Meter großen Kalkstein-Löwen – das Kriegerdenkmal ist den Opfern des Ersten Weltkriegs gewidmet und nach wie vor imposanter Mahner.

Alter Landtag 59

Kulturzentrum PFL

Tickets buchen fürs Krankenhaus? Na, so weit ist es im deutschen Gesundheitssystem ja noch nicht gekommen.

Wer aber eine gute Alternativ-Unterhaltung zum alltäglichen Klinik-TV-Irrsinn wünscht, ist im altehrwürdigen „Peter Friedrich Ludwigs Hospital" genau richtig. Ursprünglich als Pflegeheim angedacht, entwickelte sich hier nach der Eröffnung am 8. Oktober 1841 eine solch beachtliche Medizingeschichte, dass sie wohl keine Arztserie hätte jemals würdig wiedergeben können. Doch wie hieß es noch in der Festschrift zum 125-jährigen Bestehen? „Eine neue Generation wird zwar noch das Gebäude sehen und für einen anderen Zweck verwendet finden, aber die Tradition stirbt mit seinen letzten Ärzten und Schwestern." Es kam, wie es vorauszusehen war: Hinter dem so bemerkenswerten Portikus aus sechs Säulen haben Chirurgie und Nephrologie längst das Zeitliche gesegnet. Seit gut drei Jahrzehnten ist das „PFL" – so der Kosename für den architektonisch herausragenden Gesamtkomplex – unter anderem Heimat von Kultur (Konzerte, Kleinkunst, Diashows) und Literatur (Stadtbibliothek), Treffpunkt für Vereine und Organisationen, Veranstaltungsort für Tagungen, Debatten und sogar Ratssitzungen. Und auch wenn Letzteres nicht immer ganz schmerzfrei für die Bürger der Stadt ablaufen mag, so sind sie hier doch mächtig stolz auf die erfolgreiche Umwidmung eines weiteren großen Wahrzeichens.

ES IST SOMMER +
DIE GERÜSTBAUER
SIND AM ARBEITEN
↓

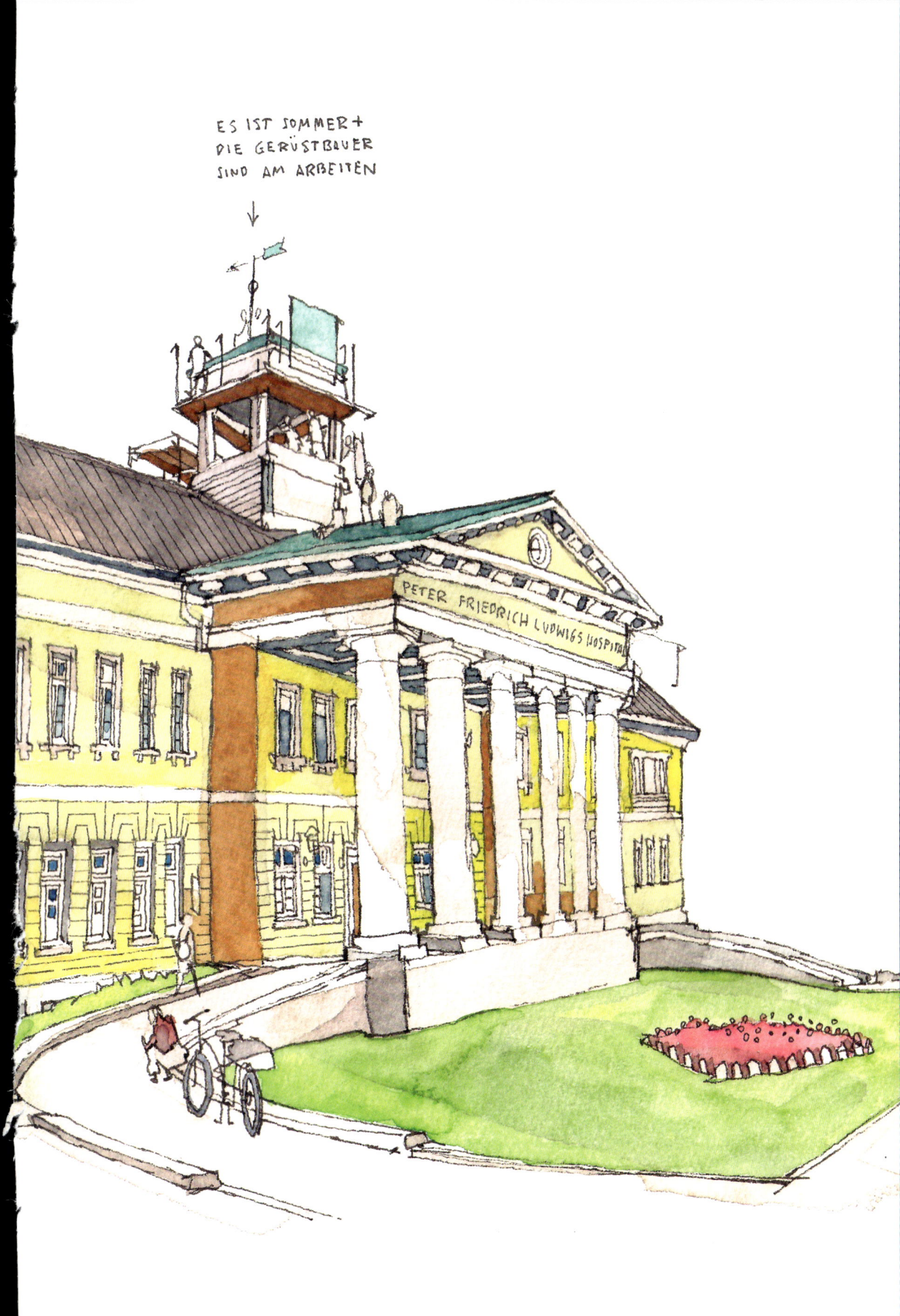

Fernweh in Tinte, warme Worte fürs Gefühl: Dass der geneigte Leser in Druckwerken fremde Welten erkunden und sich hinfort träumen soll, ist eine Form der Rezeption.

Eine andere verfolgt der Verlag Isensee – hier wird seit Jahrzehnten Heimatgefühl in Papier gepresst, Erinnerungen an ganz persönliche und regionale Geschichte(n) im Nordwesten zugänglich gemacht, überdies wissenschaftliches Wirken dokumentiert. 1892 von Heinrich Karl Adolf Isensee gegründet, ist das Familienunternehmen auch heute noch unter Florian Isensee eine „gute Adresse" im Oldenburger Altstadtleben. Verlag, Druckerei und Buchhandlung finden sich in der Haarenstraße unter einem Dach. Während es also im hinteren Gebäudeteil knarzt und rattert, pfeift und treibt, lassen es Kunden im Verkaufsraum knistern, rascheln, klingeln. Wo Finger kreuz und quer durch Leseexemplare gleiten, Seiten wild geblättert werden, sich Nasen in Regale schnuppern und ganz Sehnsuchtsvolle bereits übereifrig den hoffentlich magischen ersten Satz suchen, ist eines ganz gewiss: In Zeiten der Digitalisierung – da unzählige Fotos auf Handy oder Festplatte weitestgehend gespeichert, aber gleichermaßen auch aus den Augen, aus dem Sinne sind – braucht es einer neuen Form des Sehens und Erfühlens, der „Verewiglichung" vom Hier und Jetzt. Oder eben auch einer ganz alten. Till Lenecke zeichnet, weil er „nicht fotografieren kann", wie er selbst bekräftigt. Dann aber auch, weil er so die Welt auf die ihm eigene Weise deutlich intensiver zu erkunden und zu entdecken vermag. Und das ist möglicherweise auch für Alteingesessene die bedeutendste Entdeckung dieser skizzierten Oldenburger Reise: Wo Heimat zum Alltag geworden ist, wirkt ein neuer Blickwinkel manchmal wahre Wunder.

FADEN ZÄHLER

STAPEL-SCHNEIDER

FEUCHT-WASSER

GTO ZP
OFFSETDRUCKMASCHINE

Besonderen Dank an:
Marc Geschonke, Florian Isensee und Gaby Schneider-Schelling

Alle Bilder entstanden von Februar 2019 bis Oktober 2019 vor Ort in Oldenburg (Oldb) in Niedersachsen.

Anfragen nach dem Orginalartwork aus diesem Buch bitte an lenecke-zeichnet@gmx.de

Illustrationen: Till Lenecke
Text: Marc Geschonke
Lektorat: Florian Isensee
Layout: Till Lenecke
Foto: David Frank
Druck: Druckerei Isensee / Oldenburg

ISBN: 978-3-7308-1612-7
© Isensee Verlag
Haarenstraße 20, 26122 Oldenburg
Alle Rechte vorbehalten

Dieses Werk ist urheberrechtlich geschützt. Alle Rechte vorbehalten, einschließlich das des auszugsweisen Abdrucks, der Übersetzung, Verbreitung und Vervielfältigung. Die Reproduktion auch von Teilen des Werkes in irgendeiner Form (fotomechanische Wiedergabe, Mikrofilm und anderen Verfahren wie digitale/ elektronische Verbreitung) darf nicht ohne schriftliche Genehmigung vorgenommen werden.

Die Deutsche Nationalbibliothek verzeichnet diese Publikation in der Deutschen Nationalbibliografie; detaillierte bibliografische Daten sind im Internet über http://dnb.d-nb.de abrufbar.

Über den Zeichner:
Till Lenecke, geboren am 7. Februar 1972 in Hamburg hatte sich schon als Drucker, Erzieher und Seemann versucht, bevor er im Zeichnen und Illustrieren seine Berufung fand. Till Lenecke lebt in Hamburg.

Besuchen Sie uns auf unserer Website:
www.isensee.de

Im Internet unter
www.Lenecke-zeichnet.de